JN130405

南方ブックレット 7

海の縄文文化

日本人の〝とりなし〟のこころのゆりかご

尾曲 巧（鹿児島純心女子大学教授）著

南方新社

献辞

鹿児島純心女子学園に三十五年近く奉職し、出会った鹿児島純心女子短期大学の卒業生、および鹿児島純心女子大学の学生、卒業生、入院中温かく看護《みまも》ってくださっている鹿児島市医師会病院の看護師の皆さんと大瀬克広先生、医師の皆さんに感謝の意を込めて捧げます。

海の縄文文化——日本人の〝とりなし〟のこころのゆりかご——目次

はじめに
南九州以南の「海の縄文文化圏」で育まれた〝こころ〟

第二次大戦後、アメリカとソビエトを二極とする「冷戦」という新たな世界構造が始まった。日本では一九八〇年代にバブル経済に沸き経済格差が広がり、「勝ち組、負け組」という表現が流行した。

一九八九年のベルリンの壁の崩壊が象徴するように「冷戦」構造は終結し、アメリカ一極のグローバル化が急速に世界を席巻していった。グローバル化の定義は様々であるが、アメリカ化、経済的自由主義、能力主義、株式会社化などがある。

筆者が最も懸念しているのは株式会社化という社会構造の変革である。安倍政権の下で各地に特区が設けられ、大学、病院といった公共機関が、株主の利益最優先に誘導され、既にアメリカでは見られる現象であるが、公共機関が本来の機能から逸脱し、格差のひずみがまともに下流社会の低所得者を襲い窮地に追い込んでいる。

グローバル化の数ある定義の中で筆者に衝撃をあたえたのが、ある縄文研究者の定義「今だけ、自分だけ、お金だけ」であった。これから論述する縄文文化とはまさに対極にあり、古代研究者にしか思い浮かばないような定義であろうし、最適な定義に思えた。

日本には今も縄文精神が日常のなかにあり、特に調和を希求する和と贈与（分配）という平等の精神はグローバル化の壁を崩す可能性を秘めており、またその精神でしか、日本だけでなく世界の未来もないのではないかとも思えてくる。

縄文文化への興味は、二〇一一年三月十一日に起きた東日本大震災の被災者の奇跡とも思える行動にいっそう刺激された。あれほどの自然災害に直面しながら、例えば配給の際など、礼儀正しく、整然と列をなし、決して割り込みなどせず、時には笑みすら浮かべながら周りと歓談している。そこには、おおらかさや明るさすら垣間見えた。

筆者の専門はアメリカの歴史を主にした西洋文化であるが、中東やアジアといった世界の時事や歴史も心掛けて対象にしてきた。およそ東日本大震災のような規模の混乱状態に陥れば、どこの国でも商店荒らしに始まり、殺戮や暴動がつきものであるというのが筆者の常識であった。

しかし東日本大震災の被災者の冷静沈着な態度は日本人特有のものであり、しかも儒教、仏教、欧米的なキリスト教が内包する倫理的な思想やイデオロギーに裏打ちされたものではなく、それらすべてを引きはがした後に残る強い日本人の特性に思えてならなかった。

もちろん、それらの特性は縄文土器（Cord Marked Pottery）の登場を待って突然に始まったのではない。縄文時代以前の氷河期は十万年前に始まり、それ以前にも八万年もの間の氷河期があった。氷河期の文字を持たない石器時代人の知恵と経験は口伝えに縄文人に継承されて、石器や獣骨に自然信仰への変移を思わせる刻みとして継承され残されている(霧島市上野原縄文の森)。

儒教、仏教、また近代になって急速に入ってきた欧米の思想やイデオロギーが全て引きはがされた日本列島の時代はいつかというと、一万三千年前とか一万六千年前に始まったとされる縄文時代である。一万年以上続いた時代はその後の日本列島にはない。しかも縄文人の生活様式にはその間ほとんど変化が見られない。ただ、彼らの土器が大らかで素朴な文様から次第に緻密で複雑な文様へと移り変わりを見せてくれるだけである。

縄文文化を縄文文明と呼ぶことはない。文明とは、黄河文明、エジプト文明、インダス文明と言うように農耕という単一の一次生産(モノカルチャー)に依拠している。

一方、縄文文化は、石器や土器の生産以外は無産に等しく、すべてを自然の恵みに依存し、狩猟・漁労・採集によっていた。しかも世界的な文明よりもはるかに長い歴史を持つ。そのような長期にわたる歴史の過程で日本列島の住民に現在にもおよぶ堅固な特性が育まれ刻まれたのは当然の自然現象と言える。

縄文文化といってもその実態は教科書にあるような、日本列島全般に当てはまるような一様な分布ではなかった。時代的、地域的に様々な様相が見られたというのが実相である。例えば、南九州以南から沖縄にわたる縄文時代は一万三千年前または一万六千年前に始まり、日本列島本土では中期の六千年前から始まったとされる。その時間差は当然、両者の特徴に時期的、地域的な違いを生む。また縄文人がどういうルートで日本列島に到達したかについても信憑性のある様々な説がある。

大まかに分類すると、南九州以南の縄文人が辿った経路は、現在の中国南部や東南アジア方面からフィリピン、台湾、沖縄、奄美、トカラ列島、そして南九州へと木船（丸木舟）を使い、島伝いに渡ってきたとされる一つのルートである。丸木船を巧みに操る彼らは、沖縄（琉球）から南九州にまで広がる海洋民族的要素の強い海の縄文文化を形成し、その伝統は、例えばカツオ漁の航路に見られるように、現在も続いている。

かたや、六千年前頃の縄文中期に日本列島に達した人々は、大陸沿いに北上し、朝鮮半島から対馬を経て、また北海道を経て日本列島に至ったとされる。

海のルートと陸のルートの最も大きな違いは生命の危険性の度合いである。島伝いに沖縄や南九州に渡ってきた人々の数は多いが、同じ程度にまたはそれ以上に、海難に遭い生命を落とした人々も多かったに違いない。そのような経験が、海の縄文人に移動の過酷さや生命の尊さを痛感させたに違いない。

地理の知識の少しでも確実でなかった時代には、人の移動には大か小か、必ず漂着の分子を伴うていたことは、陸上の道とて代わりは無いが、そういう中でも海には予想せられざる危険がいろいろあった。（中略）日本の周辺地域のような、小さな区劃の中に現出するいろいろの変化、風が季節により、潮が刻限に伴うて、大よそどの程度に船の歩みを助け妨げ、または強制しているかということは、永い歳月にわたってただ生死をこれに託している人たちだけが、命をかけて体験しているに過ぎなかった。もちろんこれがわが身の運の岐れ路であった故に、教えるにも覚えるにも全力を傾け尽し、その執心はあるいは世の常の学問授受を超越したであろうが、あわれや陸上の人々は、概ねこれを顧みなかった。（柳田国男『海上の道』角川文庫、平成二十五年、傍線は筆者による）

しかも一万年以上に及ぶ過酷な経験であるから、生命への強い共感はしっかりDNAに刻まれ、今でも海難者を必ず救助し、海上で死体に遭遇すれば必ず陸に連れ帰ってくるという風習に残されている。また、遠方からの訪問者を追い払うことなく、よく無事でと受け入れ、苦難をいたわり、もてなすのである。そのようにして芽生えた精神が、時代とともに日本人の忍耐力、おおらかさ、余計な軋轢《あつれき》を避けるいい意味での仕方ないという諦めに成熟していったのではないだろうか。東日本大震災の被災者に筆者が見たのはまさにそのような日本人であった。

南九州から沖縄に広がる海の縄文文化と本土の縄文文化に違いがあることは既に述べた。海の縄文文化の特徴は、一面に広がる海、その海を一年中変貌させる台風や南北の風向き、散在する小さな島々と農耕に適さない痩せた土壌といった風土がなすものである。

十二世紀以降、沖縄は中国文化・文明を導入し、一六〇九年の薩摩藩の侵攻以来、外交のバランスをとるために中国化を進めた。しかし結果的に、広大な地域にまたがる大陸文化は沖縄の風土が生んだ文化とはまったく異質なものであった。行けども消えることのない平原の地平線、天空に果てしなくそびえたつ山嶺、それらを征服する男性的で強大な権力が生み出す文化・文明は豪華、絢爛、緻密であり、本質的に沖縄ばかりか南九州の風土では受け入れられないものであり、受け入れても表層なものにすぎず、権力者や富者の階層にとどまり、庶民にまで浸透し尽くしえるものではなかった。

一九七二年、二十七年間のアメリカ統治が終わり沖縄は本土に復帰した。その際に、芸術家の岡本太郎は言った。

　だから沖縄の人に強烈に言いたい。沖縄が本土に復帰するなんて、考えるな。本土が沖縄に復帰するのだ、と思うべきである。そのような人間的プライド、文化的自負をもってほしい。（岡本太郎『沖縄文化論——忘れられた日本』中央公論、一九九六年）

戦前、柳田国男は、南の島々にこそ日本文化の根源があるのではないか、という仮説をとなえた（柳田国男『海南小記』角川文庫、昭和二十七年）。同じようなことを民俗学者の宮本常一も述べたが、戦後のアカデミズムの世界で取り沙汰されてこなかった。

しかし、少なくとも庶民の生活レベルでは、南九州以南から沖縄までの海の縄文の海域には彼らの言説はあてはまる。なぜなら、古来この海域での文化の中心は琉球・沖縄であったからであり、本土の中央集権の権威を楯に地方での勢力拡大や支配を目指す階級のように奈良・京都・江戸を理想として仰いではこなかった。それはあたかも沖縄を中心にもう一つの日本があるかのようである。

「ハヤト・南島共和国」とは耳なれない表現であろうが、南九州の古代史を、ヤマトの政権との関係を主軸に追い続けてきた私が考えた、日本列島南部の古代世界である。

ハヤト（隼人）の居住地南九州本土とその南につらなる南西諸島には、かつて共栄圏が存在した。そこが理想的な楽園であったというつもりはない。極端に富を蓄えて権力をふるう支配者は存在しなかったし、風土と一体化して日々の生活をする人びとの共和的な地域世界があった。そこには、人びとに自由があり、多様な価値観があった。

その地域世界は、開放性に満ちていた。南島の各島の四周が海であったことはいうまでもない。ハヤトの居住地域も三方は海であったし、その中央部は陸地をえぐるように、鹿児島湾が入り込んでいた。海は障害物ではなく、人と物を運ぶ自然の巨大なコンベヤーであった。海は、人びとに漁労の場を提供するだけではなく、交易へいざない、未知の世界への夢をはぐくみ、そこに神を見出してきた。またそこから、かれらは多くの情報を得ていたから、東アジア世界の情勢をいち早くキャッチしていた。

ハヤト・南島地域は、少数の支配者が多数を力で従えるという、タテ社会的要素は少ない。この地域はヨコの連携を基底にする社会であり、結合力が強かった。そのような社会に、ヤマトの朝廷は強大な権力で律令を軸にした一律的支配を導入しようとしたのであった。また、稲という単一の価値観を押しつけてもきた。

その結果、ハヤトと南島の人びとは分断され、それぞれ別の道を歩むことになってしまっ

た。（中村明蔵『ハヤト・南島共和国』春苑堂書店、平成八年）

ハヤトは、かつて南九州領域に暮らす先住民であった。女性の巫女を中心に神権政治を行っていたかも知れない。七世紀半ばに施行された律令制をもとに、中央政権は地方豪族に冠位を与え本格的に地方の取り込みを狙っていた。しかし、ハヤトは大隅国守陽侯史麻呂《やこのふひとまろ》を殺害するなどして逆らったと八世紀の記録にあるように、簡単には服すことはなかったものの、次第に冠位が示す中央政権の威力を楯として中央政府に傾いていく。

一方、縄文人を先祖とする先住民の多くは、そのように新たに権力を得たハヤトの一部や中央政権に分断されるほど弱いものではなかった。一万年にわたり育まれた縄文文化のＤＮＡを強力に受け継いでいた。先住庶民の間で生き生きとした琉球を中心とみなす交流は、海の縄文文化の海域で今もなお続いている。カツオ漁を通じたり、手持ちの不足分を交換するために。

本書では、グローバル化とは対極をなすような、そのような精神が、日本列島本土ではなく、先ずは南九州以南の海の縄文文化圏で芽生え育まれたことを解明し、その内実を辿ってみたい。

第一章　日本の縄文研究

一、戦前の古代研究

縄文文化は日本文化の原点ではあるが、しかしそのイメージは戦前戦後の時局や世相によって形成されてきた、というのが国立歴史民俗博物館教授の山田康弘氏の意見である（山田康弘『縄文時代像はいかに形成されてきたか～戦後の世相と変遷』）。山田氏の説の概略は次の通りである。

一般に現在の高校の教科書の説明では、縄文文化は全国一様に統一されたイメージで簡潔に描写されている。

縄文時代は今から一万三千年前から二千五百年前までつづき、気候は今とはあまり変わりなく、自然環境に依存し、狩猟・漁労・採集によって生活していた。富山県や新潟県糸魚川流域でしか取れない翡翠が広域に広がっているのは、人が脚と船によって長距離にわたって交易を行っていた証拠であるという。相続されるような身分の格差もない平等社会であった、と。

戦前は石器時代、縄文時代、弥生時代の区別がまだなく、まとめて石器時代と呼ばれていた。一八七七年に東京大学の動物学の教授エドワード・シルベスター・モースが大森貝塚を発見したことから日本の古代研究が起こった。

しかし実際は、貝塚を最初に発見したのはモースではない。八世紀の『常陸国風土記《ひたちのくにふどき》』（秋本吉徳校注、岩波書店）に、縄文時代前期の大串貝塚とされる場所についての言説があり、あまりの貝の多さに巨人のような者がいて食べた貝が積もって丘になった、という記述がある。江戸時代になると縄文遺跡はさらにいろいろと調べられていた。モース説だけへの注目は「欧米コンプレックス」からであろう（上田篤『縄文人に学ぶ』新潮選書、二〇一三年）。

しかし、モースをきっかけに、石器時代人がどんな人か、日本人は何ものか、についての論争が起きたことは確かである。モースはまた、進化論や社会段階発展説を持ち込んだ。

東京都文京区弥生町で縄文土器とは異質の土器が発掘されたことで、縄文時代と弥生時代の時代区分や、食料獲得の方法の違いが次第に明らかにされていった。

この論争の中から、近代国家意識の芽生えとも相まって、日本人アイヌ起源説や日本人食人説が出てきたが、一九一〇年代に多くの人骨が発掘され、縄文人・弥生人研究が進むにつれてこれらの説は否定され、石器時代人こそが日本人の先祖であると定義されていく。

これらの論争は、もっぱらモース、シーボルトの次男であるハインリッヒ・V・シーボルト、医師ベルツ、地質学者ミルンや外国人キリスト教宣教師らの間での論争であった。日本人による論争は、欧米に留学した俊英たちの帰国を待って始まる。

一九三〇年代に帰国後の俊英たちは、縄文時代は貧富の格差、身分の格差がなく、弥生時代になって格差・身分差の社会に移行したのは発展段階的な進化であると唱えたが、それは国家によって危険思想とみなされた。戦前に支配的な思想となっていった「皇国史観」に抵触したためであった。彼らは国家から様々に圧力をかけられ、投獄された研究者もいた。

戦前、特に昭和の前半は日本のアジアへの進出、帰属化に拍車がかかり、『古事記』『日本書紀』を併せた「記紀思想」が支配的な時代へと変貌していった。日本の歴史を万世一系の現人神《あらひとがみ》である天皇が永遠に君臨する万国無比の神国の歴史、皇国史と規定したのである。皇国史観に基づく神話教育、英雄教育が強制的に推進された時代にあって、古代研究は表立った活動を控えざるを得なかった。

二、戦後、政治的に作られた縄文・弥生イメージ

敗戦とともに戦前の歴史教育がアメリカ軍の統治によって完全に否定された。一九四六年に日本を視察したアメリカ教育団の報告書によって、日本の明治維新以来の皇国史観に基づく神話教育、英雄教育は否定された。急遽、師範学校用の本格的な歴史教科書『日本歴史』（上・下）が文部省によって編纂され、縄文文化が食料採集の段階、弥生文化が食料生産の段階と規定された。

家庭生活にも注意が向けられ、原始共同体は母系中心社会であったことなどが意識されて編集された。当時最も科学的手法とされていた歴史発展段階説が教科書に採用され、石器、銅器、鉄

器への移行などの時代区分も設けられた。

縄文文化においては、人々の家庭生活は、男性がもっぱら狩猟や漁労で外に出て、女性を中心として結合していたことが記載された。弥生時代になり、農耕中心の社会となってくると、生産の中心が男性になり、小国家が分立し、家庭生活の中心は男性中心となり、血族間の結合が強まっていった。その中の有力な血族の首長がやがて全体の首長となり、多くの小国家を形成するにいたる。縄文時代の母系社会から男系社会へ、平等社会から弥生時代には下部構造を形成する下流民が、権力を持つ上部構造を支えていくという発展段階説が展開されている。

戦後間もない一九五〇年代には、弥生時代は水田が目前に広がる平和で穏やかな田園風景が典型的なイメージとして描かれ、敗戦で疲弊し疲れ果てた国民にとって癒しとなった。また、朝鮮戦争特需による高度経済成長へのはずみがつき、サンフランシスコ講和条約によって再独立をはたし、さらに国際連合へ受け入れられ、日本が国際社会に復帰するという明るい時代でもあった。

しかし、一方では、日本の歴史が地域や時代によって多様であったという考え方は疎んじられ、日本一国史という戦前に似たイメージが標準化、強化、独立し、縄文時代や弥生時代のイメージは何よりも政治的に都合よく巧妙に作られていった。

縄文時代と弥生時代のイメージが沖縄をも含む日本国内の範囲において統一され、教育を通して刷り込まれ、文化とは、時代、地域が異なれば多様に入り混じったものであるという概念はおろそかにされていく。それは単に明治維新の皇国史観による単一民族主義、国家主義の政策が形を変えて繰り返されていったに過ぎない。

その後も、縄文時代のイメージは時局や世相によって変わった。一九六〇年代から一九七〇年代にかけてのベトナム戦争や学生運動など内政混乱期には、縄文時代は食料の余剰がなく貧しく、階級制が明確な時代であったとか、バブル期になり物価や株価が高騰すると、縄文人は豊かな狩猟採集民であり階級制のない平等な時代であったとか。バブルがはじけ、縄文中期の三内丸山遺跡の発見があると、その遺跡を取り囲む堀の大きさ、深さから、縄文時代は階層社会で争いの絶えない貧しい時代であったとか、アカデミズムの世界ですらこんな落ち着きのない状況であった。

事実は、土偶を例にとると、土偶は豊穣を祈願するための祭具であるが、東日本では遺跡によっては三万点も発見されるが、西日本の遺跡では一点かせいぜい五点ほどしか見られない。この差は何を意味するのか。東日本と違い、西日本では神頼みの必要性がさほどないほど豊かであったのではないか。南九州以南から沖縄までの海の縄文文化圏と本土の各地域の縄文文化とでは、その渡来の時期もルートも大きく隔たっており、日本列島の温暖化がもたらす気候の変化にも時間差があったというのが事実であろう。

そもそも、歴史学は科学的手法を用いて事実を証明することにある。歴史を扱いながらも、聖書、『古事記』、「ニーベルンゲンの歌」といった民族と国の成り立ちを唱えた叙事詩や、歴史小説、最近の大河ドラマといったような、書き手が意図する何らかの真理や教訓を提示するようなものと同じものであってはならない。まして、時代によって変遷する政治思想やイデオロギー、時局や世相によって変わる時代観に振り回され、歴史事実をゆがめてしまうと、政略の陥穽にはまりかねない。

アメリカの歴史学者ティモシー・スナイダーは、「歴史は繰り返すことはないが、歴史から学ぶことはできる」と言う。しかし、歴史は歴史として注視しなければ、戦争といった負の歴史が繰り返されてきたことを私たちはすでに学んでいるのではないだろうか。

第二章　世界を変える日本の縄文文化

一、日本的自然観

縄文人による狩猟・漁労・採集による自然資源の利用は、生態学的な調和を崩すことなく、あくまでも共存・共栄の精神に基づくものである。縄文時代という一万年以上にわたって培われた精神に根ざす日本的自然観は、世界文明に見られるような、特に旧約聖書に基づく世界観を持つユダヤ教、キリスト教、イスラム教世界がそうであるように、自然の主体性を認めることなく自然を征服の対象とのみ見なし、近代の合理主義の進展に繋がるような考え方とは対極にある。

森には森の精霊がいる。（中略）それはどちらかが主で、どちらかが従というのではなく、相互に認め合う関係である。だから礼を尽くし、ときには許しを乞うのだ。「草木皆もの言う」自然を人格化し、交渉を重ねることで、神ながらへの道へと踏み込むのである。自然の人格化は、「自然を人間と対等にすることではない。自然の人格的存在は、人間以上の人格としてみなされる」。人間よりも大きい、超人間的人格なのである。（小林達雄『縄文の思考』筑摩書房、二〇〇八年）

かくして縄文人は自然に寄り添い、自然はおのずと信仰の対象となり、他には見られない民族の根強い特性が涵養《かんよう》されてきた。

二、レヴィ・ストロースと縄文文化

フランスの人類学者レヴィ・ストロースは『野生の思考』の著者で、彼は一九六〇年代に始まった構造主義ブームの発火点となり、フランスにおける戦後思想史最大の転換を引き起こすとともに戦後ヨーロッパに思想的変革をもたらしている。

十九世紀のヨーロッパでは、マルクスの『資本論』に代表されるように、「歴史」と「進歩」の思想が確立され、その後大きな影響を振るってきた。レヴィ・ストロースの思想はまさにその対極にある思想と言っていいものである。

『野生の思考』はブラジル奥地の先住民を観察、研究して書かれたものである。「歴史」と「進歩」の思想から見ると、彼らの未開社会は野蛮で、怠惰で、非合理的なものと見なされる。実際は、彼らは自然界に満ちているものを徹底的に観察し、利用できる動植物ばかりか、利用しない動植物など、自然界のあらゆることについて客観的に分析していた。

ゆったりと流れる時間のなかで、あくせくすることなく、ゆとりを持って快適な生活を営み、文字通り山海の恵みを享受している。彼らの生活は、時間に追い回されストレスに悩む現代人には想像も及ばない。

彼らの日常は、食料調達の安定にそのまま繋がる理想的な営みである。農耕文化のように、食料を少ない特定の品種に偏ることなく、万遍なく利用することで、いつでも、どこでも、食べるものに不足ない日常を営んでいた。

三、今も生き、目覚め広まる縄文文化

縄文文化は過去のことではなく、現代の日本社会の中に様々に生き続けている。卑近な例を示せば一本釣りである。針や竿は未熟であったが縄文の早い時期にあった技法である。定置網は中世室町時代に、養殖は現代に始まる。魚を日干しにし、燻《いぶ》して保存する料理法も、また縄文人にとって最高のご馳走であった新鮮な刺し身も、日本人の日常生活に根ざしているどころか、最近のフランスでは魚を活き締めにして食するブームさえも起きている。

レヴィ・ストロースは日本を訪問した際に、陶器職人や木工職人たちが創作している場面を見て、それは土や木を自分の目的のために変形して使うのではなく、その物の中にすでに存在する形を外に解き放して役にたつ用具に仕立てる工程だと観察する。それは、ヨーロッパにも、例え

ば晩年の「囚人シリーズ」に見られるミケランジェロの創作理念や、ハイデッガーの哲学にもあったものであった。生きていれば、現在の音楽祭の指揮者として人間愛に溢れて作曲家や指揮者として一世を風靡したヘルベルト・フォン・カラヤンだって、音楽と人間の間の〝とりなし〟を受け持ったのではなかったか。しかし、日本では、はるか以前から見られた創作理念である。

レヴィ・ストロースが日本で受けた印象のもう一つに、「自然を人間化する」という思考法がある。人間が何らかの形で自然に「はたらき」かけ、その「はたらき」を借りて自然の本質を生かしながら最適の環境を創り出そうとして、日本の美しい風景や特有の文化ができたと認識した。

「自然を人間化する」と言えば、よく知られた平安絵巻の『鳥獣戯画《ちょうじゅうぎが》』がもっとも良い例であろう。めずらしい例では『南方熊楠《みなかたくまぐす》全集』(平凡社)第二巻の口絵に紀州の山奥の『山神草紙《やまのかみそうし》』がある。どちらにも様々な馴染みの動物が登場する。

『鳥獣戯画』では狐が女装し、蛙が田楽法師になり、猿が坊さんの恰好をし、兎と蛙が相撲をとっている。『南方熊楠全集』では、狼《おおかみ》の姿をした山の神が動物たちを従えて宴会を開いている。動物を人間に変化させることで「自然の人間化」を表現しており、そこでは自然が恐ろしい事象という印象は受けない。自然は自然、人間は人間という固有性も保持されている。

そのような文化の流れは現代にも当たり前のように存在しており、今この瞬間も縄文時代と言っても過言ではない。アニメ世界のドラえもんやポケモン、最近ブームの「ゆるキャラ」は、お茶や梨といった植物であったり、熊の「くまモン」であったりする。

これらは自然の「ものまね」である。古来、日本では「ものまね」が好まれ、芸能や文学の底流となってきた。古代の傀儡子《くぐつ》、平安時代の猿楽、室町時代の能狂言などである。能の大成者世阿弥は『風姿花伝』の「物学条々（ものまねじょうじょう）」の篇で「ものまね」について詳細に論じてさえいる。

江戸時代の歌舞伎や落語も「ものまね」で満ちている。浮世絵、盆栽、日本庭園、日本料理にも、例えば、浮世絵は十九世紀のフランスを中心に芸術界にジャポニスムを巻き起こし、その流れを汲むマンガやアニメは広範囲に日本文化の紹介に貢献している。料理においても、素材の味と風味を生かすとか、自然に似せて立体的に盛り付けるなど、自然の「ものまね」が如実に現れ、近年ではフランス料理においてもその手法が生かされるようになっている。

日本語は他の言語にくらべて極めて擬態語・擬声語が多く、翻訳者泣かせの言語である。これもまたレヴィ・ストロースの言う「自然を人間化する」、または自然の事物や事象を「ものまね」する日本語の特性であり、日本語そのものが自然と人間の〝とりなし〟の手段かとも思えてくる。金谷武洋氏は、日本語は人間より自然に注目すると言っている。

同じ状況に日本人とアメリカ人が立っているとしましょう。二人から少し遠くに富士山が見えています。

このときに日本人なら「あ、富士山がみえる」と言うでしょうが、英語が母語のアメリカ人なら、その日本語を一語一語直訳したらそうなるような「Oh, Mount Fuji is visible!」などとは決して言いません。

アメリカ人には、「富士山を見ている自分が見えてしまう」からです。それは、英語がそういう言葉になってしまったからです。すると、当然この場面での主人公、行為者は「わたし」で、それ以外は考えられません。口から出てくる英文はおそらく、「Oh, I see Mount Fuji」となるでしょう。

日本語の主人公は自然（富士山）ですが、英語は「わたし」という人間だからです。（金谷武洋『日本語が世界を平和にするこれだけの理由』飛鳥新社、二〇一四年）

第三章　スンダランド——日本人のルーツ

一、アフリカからスンダランドへ

東南アジア南部、東西四千キロに広がる海域には、一万数千の大小の島々が点在している。スンダ列島と呼ばれる。スマトラ、ボルネオ、ジャワ、スラウェシ（セレベス）の四つの大きな島々が大スンダ列島、その東に位置するティモールまでの小さな島々が小スンダ列島である。マレー半島とスマトラ、ボルネオ、ジャワのあいだの海をスンダ海という。地図の等深線を見ると、ここは大陸棚の海で大部分が水深百メートルほどの浅い海である。

二十世紀の初め、旧植民地インドネシアの宗主国であったオランダ海軍は、この海底に多数の河の跡を発見し、これらは氷河時代に陸であったころの河川の跡であることが分かった。これらの河の存在は現在の河川の淡水魚の類似性からも証明されている（多紀保彦『魚が語る地球の歴史』技報堂出版、一九九三年）。

新人類がアフリカ大陸に登場し、ヨーロッパやアジアへと進出を始める。その際に、山脈や大河、ジャングルを越えるよりも、海岸沿いの水上移動手段をとれば、その方が簡単で楽である。また、獲物としての魚を追って、海岸線と浅瀬の連なる島や湾を選んで中国南部や東南アジアへと移動していったのではないか。

東南アジアは、海と陸がもっとも交差した地域である。他にこれほどの数の島々はなく、数千キロにわたって海岸線が続くところはない。このようにして新人類はスンダランドに進出し、スンダランドの湿地帯や海岸線に適応し、水に適応した彼らはやがて再び海を越えて四方に広がって行った。その中の一団が島伝いに海を越え南九州に到達したことは十分に考えられる（後藤明『海を渡ったモンゴロイド』講談社、二〇〇三年）。

ちなみに、スンダランドを形成したのは、その平面的な形状から海底の隆起ではなく、大河からの長年にわたる堆積物であったろう。地図を見れば、黄河、揚子江、メコン川、インダス河などアジアの大河のほとんどの源流はチベットにあり、それらの川沿いに人が集まり文化や文明を起こしている。スンダランドもまた、タイのチャオプラー川やベトナム南部で南シナ海に注ぐメコン川がもたらした堆積物によって生じたと推察できる。

同じように、鹿児島県の川内川、天降川、万之瀬川とその近隣の球磨川などは、霧島山系に水脈を持ち、それらの川沿いや近辺に古代遺跡が集まっている。

スンダランドは、海面上昇によって今から一万七千年から五千年前のあいだに沈没していった。五千年以前に、一万四千年前、一万千五百年前、八千五百年前の三度にわたり、大洪水に見舞われている。そこで彼らの集団の一部は、アフリカの先祖がスンダランドに至った経路をインドまで逆行し、インダス文明の誕生に寄与したという。二回目の大洪水の後に別な一団が先祖の地の'black'を意味するエジプトに戻りエジプト文明を起こし、さらに三回目の大洪水が起きた八千五百年前にギリシャまで行き文明を起こしたという（Anand Krishna, The Wisdom of Sundaland The Ancient Unrecorded Prehistory of the Indonesian Archipelago, PT Gramedia Printing, Jakarta, 2012）。

南九州以南で発掘された石斧などの年代から推測すると、スンダランドからの北上の第一波は早くても海面上昇が始まった一万七千年前ごろと考えられる。

二、カツオの道

スンダランド人の北上とカツオの北上は潮の流れと季節風の向きによるせいか、経路が類似している。

近世以降、薩摩半島の坊津や枕崎のカツオ漁の漁民たちは、漁場を求めて南下を繰り返し、最終的にインドネシアのスラウェシ（セレベス）島近辺にたどり着いた。この島の周りはカツオの繁殖地にあたり、北へと周遊したカツオはやがて黒潮に乗り日本近海まで遡《さかのぼ》ってくる。

また、沖縄、奄美大島は、古来六調子の島唄や踊りの芸能が盛んで、この旋律の歌謡が沖縄や奄美大島出身者によって最近のブームを起こしている。本土においても古くからこの六調の旋律は、はんや節として鹿児島から東北青森の津軽あたりまで歌い踊られている。東京芸術大学の民族音楽学者であった小泉文夫氏は、その起源をスラウェシ島の南端に位置するブドゥン島にあるとつきとめた。

日本でカツオ漁が盛んになった原因は、鰹節製造の技術がもたらされたことにある。カツオは鮮度が保ちにくい魚で、保存食に加工しなければ商品流通の経路が開けない。遠洋航海にとって問題となるのは水とビタミンCの確保である。

ビタミンCが不足すれば壊血病になり死にいたる。これを解決したのが沖縄の太平洋側の沖にある久高島の人々である。彼らは猛毒を持つ海蛇（イラブー）を航海の食料とすることで壊血病の問題を解決し、マレー半島の国際的な中継貿易都市であったマラッカまでも行き来した。そこでインド洋の南洋に浮かぶカツオ漁の盛んなモルジヴ諸島の海民と出会い、高度なカツオ燻製の技法を聞き覚え、それが海蛇イラブーの燻製にも応用されてより長期の航海も可能になったと考えられている。

沖縄や奄美大島などの太平洋側は、黒潮の潮流がないためにカツオは獲れない。そこで、久高島の漁師たちは奄美大島北西にある宝島などに出向き、カツオ節製造を行った。その技法が江戸時代中期以降にカツオ北上ルート沿いの鹿児島の坊津、高知、静岡に伝わり、今日のカツオ節流通の繁栄をもたらしている。

久高島は小さな島で土壌は白茶け、土くれだらけのいかにも痩せた土地で、島民を支えるだけの生産性はない。そのため多くの男たちが琉球王国の中国への朝貢のための船の乗組員や、薩摩藩に年貢を運ぶ要員として採用され、島の経済を維持してきた。海蛇イラブー燻製の技術は今でも島の名家のみに口伝《くでん》により受け継がれている。筆者も現地でイラブー料理のご相伴にあずかったが、その匂いはカツオ節そのもので食欲をそそるものだった。

三、文化のネットワーク、海の縄文文化圏：琉球・奄美・南九州

地理的条件や地政学的に見ると、日本は北のサハリン（樺太）から八重山諸島、台湾まで、多くの島々が大陸に沿うように連なっている。もし、これらのうち、南九州以南の島々がなければ、海上交流は対馬海峡に限られてしまい、強力な中国大陸文明が一方的に流入し、日本は古墳時代や奈良時代に見られたよりも一層大陸的要素の強い、朝鮮半島にも似た様相を呈していたことであろう。本来、この面積の狭い日本列島に適しようもない大陸文明・文化が、今とは極めて異なる人間をこの地に生み出していたかもしれない。

それを抑制したのが南九州以南の、東南アジアやインドにもいたる数珠状に連なる島々であり、地域的な固有性を生み出し、それを保持しながら、中国大陸文化とは一線を画す特有の日本文化を形成した最も大きな要因ともなった。

南九州から奄美、琉球に連なる島々によって可能となった海上交流こそが一万年以上にわたり縄文文化の揺籃《ゆりかご》となり、氷河期以降の温暖化の北進に伴って本土全域に広がりを見せるとともに、南九州から琉球一帯にはさらに趣を異にする海の縄文文化圏が生まれた。

縄文時代も時代を経るにつれて、富山県や新潟県でしか取れない翡翠や、本土を中心に取れる黒曜石、漆《うるし》などが、脚と丸木舟によって広く交易され、それらが逆方向に海の縄文文化圏にも及んでくる。

弥生時代になると、沖縄以南あたりでしか取れない大型の貝、イモガイやゴホウラなど貝輪の装飾品が本土全域に広がり、階級差が顕わになっていた共同体の支配者や巫女を飾っていった。

四、南九州以南の古代遺跡

二〇一七年十一月二十七日、鹿児島県立埋蔵文化財センターは、南九州市知覧町の牧野遺跡から、線を刻んで女性の髪を表現したとみられる約一万三千五百年前のこぶし大の石が見つかったと発表した。縄文時代草創期の縄文ビーナスとしては国内三例目になるという。

それよりも二十年前の一九九七年に、約九千五百年前の、国内では最古で最大級の集落、上野原遺跡（霧島市）が発見された。桜島起源の火山灰（約九千五百年前）にパックされた十件の住居の発見によって同時期に十件程度の住居が建っていたことが分かり、日本で一番古い縄文集落の存在が明らかになった。ここで使用されていた貝殻（縄ではなく）で文様を施した円筒形や角筒形の土器は他の地域では見られない、南九州特有の土器であった。縄文文化の南方ルートの起源論との繋がりを知るうえで重要な遺跡である。

上野原遺跡ばかりでなく、南九州では土偶、耳飾り、子供の玩具と思える品をはじめ、用途のはっきりしない土器などが多数発見されている。精神文化の始まりを縄文時代の草創期、早期、あるいはそれ以前の石器時代にまで遡りうる可能性を示すものである。

南九州以南は、一万三千年前に丸木舟の制作に利用された石斧が発見された栫ノ原遺跡をはじめ、石器時代から弥生時代にいたる古代遺跡の宝庫であると言っても決して過言ではない。筆者には、なぜこのような人類の遺産がユネスコの世界文化遺産の候補にさえされないのか不思議でならない。

種子島では、ほんの数キロにわたる一本の道路沿いに、南側から順に、石器時代から縄文時代草創期、弥生時代までの遺跡が並んでいる。人口が増加した五千五百年前の青森県の三内丸山遺跡や、弥生時代の佐賀県の吉野ケ里遺跡の大規模な集落とは違い、一つひとつは小規模ではあるが、まとまった遺跡群は貴重である。

さらに、指宿市の橋牟礼川遺跡が大正時代に発掘され、鬼海カルデラ由来の火山灰を挟んで上から弥生土器、下からは縄文土器が出土したことにより、日本で初めて縄文時代が弥生時代よりも古いことが証明された。発見までは、縄文人と弥生人は同じ時代を生きた、異なる土器を使用した異民族であるとの説が有力だった。

また、南九州、種子島、奄美大島、沖縄では丸木舟の造船に使われた石斧が多く発見されており、日本各地でも丸木舟が発掘されている。そのことは、縄文人が世界に先駆けて船を造り操っていたことや、縄文人の渡来ルートが南方ルートにあったことの証左である。

五、所詮、周辺の文化なのか

このように、古さにおいては圧倒的に日本本土の遺跡を凌ぐ遺跡がありながら研究が進まず、戦前の柳田国男が発した「日本文化の起源は南方ルートにあり」という仮説にもかかわらず、アカデミズムの世界で本格的にとり上げられないのは、本土に中華思想のような感情が存在し、南九州以南から沖縄にかけての地域は所詮日本の周辺と見なされているからであろうか。

薩摩は古くは「先端《さつま》」と呼ばれ、後に薩摩の漢字があてられ、さらにその先の隅は「大隅」であったという説がある（鹿児島純心女子大学国際文化研究センター編『新薩摩学1　世界の中の「さつま」』沈寿官「薩摩焼の世界性」南方新社、二〇〇二年）。このような見方は文化の中心から周辺を見る目である。

筆者は現在の鹿児島県南九州頴娃町上別府の青戸小学校区域に生まれ、高校を終了し大学進学のために上京するまで、県内の他の地域を殆んど見ないままに育った。内陸の知覧町よりの高台の一帯は、早春になると眼がくらむような黄色い菜の花の絨毯畑が敷き詰められたようで、その中で集落の花見が行われ、大人は花の香と焼酎に酔っていた。桜の花見の記憶はない。

秋の小学校の運動会の応援歌は「開聞岳下《がっか》に秋満ちて、続く海原青戸原」で始まった。今はもう歌ってみても誰も思い出してはくれない。海原は東シナ海のことである。左手前には開聞岳が三面の海沿いに突き出し聳え立っている。気品ある女性のように凛として立っている。私にとって開聞岳は霊峰である。遠い南洋から辛い思いをして航海してきた船人にとっても、開聞岳は、最初の癒しの聖なる霊峰にまみえる瞬間であったに違いない。一生かかっても見ることもなかった富士山など誰が霊峰と見なしたことだろう。

岩手富士とか薩摩富士とか近畿地方以外に点在する呼称は、中央権力が地方の色合いをもみ消し、冠位の授与によってと同じく、中央政権に搦めとるための政策であったと考える。

国民（庶民）は事実を知りたがるが、政治は隠す、の手法は現政権にも「地方再生」とか言った甘い言葉に見えてはいないか。〝とりなし〟の政策などとはほど遠く、近くの独裁国家の首領のしたたかさと、どこが違うと言いわけするつもりなのだろう。

日本の叙事詩である『古事記』には武力的な要素が多く、武力による国家統一を描いている。『日本書紀』にいたっては、神武天皇以後の歴史は武力統一の歴史そのものである。武器のみが朝鮮半島から伝来したのではなく、人もまた多数入り込んできた。その期間はきわめて長く、西暦紀元からおよそ千年にわたっている（宮本常一『日本文化の形成』講談社、二〇〇五年）。

スサノオは、イザナキが黄泉《よみ》の国から逃げ帰り日向国で禊《みそぎ》をした際に、安曇連《あずみれん》ら海民の祖先神とともに生まれ海原の支配を命ぜられた海民、つまり縄文人の象徴である。渡来系の象徴であるアマテラスとの争いを経てスサノオは出雲の国譲りに追い込まれていく。

薩摩半島を舞台とする海幸と山幸の話でも、海幸は弟の山幸に執拗にせがまれ、それこそ神様からの賜物であり呪術的な能力を帯びた釣り針を貸したあげくに、弟に失くされてしまう。ところが、話は、山幸は海の女神を味方にして兄を懲らしめるという具合に強引に展開される。

さらに、大和武尊《やまとたける》がわざわざ南九州の熊襲《くまそ》の領域まで来て、女装してまで熊襲タケルを成敗する話があるが、いかにも戦好みで戦闘に明け暮れる弥生的な話であって、縄文系の熊襲タケルの側に立てばあまりに理不尽である。このような傾向は近代以降の日本にも見られる事象である。

六、新しい版図沖縄

沖縄は、一六〇九年に島津氏の征服にあって、軍事力では中国と日本にはるかに及ばないことを悟る。以後、中国と日本の間にあっては外交術による王国の生き残り政策を図った。

その後、「武士道が育たず、沖縄の博物館に甲冑・刀剣の類が見当たらないのは特徴的なことだが、刀剣のかわりに三弦の楽器を床の間に飾るのが、琉球王朝士族のならわしであった。三弦は中国語で『サンシェン』とよぶが、琉球で『サンシン』となり、日本へ渡って『三味線』となった。『武士』は正しく武士ではなく、『ユカッチュ』と呼ばれた。『良人』である。良人はもっぱら三弦をたしなんで生活した」（「南島の風土と歴史」上原兼善・大城立裕・仲地哲夫『風土と歴史12』山川出版、昭和五十三年）。つまり、剣を捨て楽器を手にするという、十五世紀の統一王国成立以来の軍事主義を、縄文的な平和主義に戻したといえ、日本と即《つ》かず離れずの関係を明治初期の琉球処分（一八七九年に日本に併合される）まで維持していくことになる。江戸時代、琉球王府は中国清朝との朝貢貿易を維持し、徳川将軍の代替わりの際には慶賀使を派遣することで王府の生き残りを図り、その間、領土問題は発生しなかった。明治政府は、一八七九年に、中国の訴えにもかかわらず、軍事力で琉球王府を廃して沖縄県を置くという琉球処分を断行した。

日本の開国によって、沖縄はそれまでの中継貿易地点としての地位を失った。島民は島内に閉じ込められた形になり、産業も砂糖や焼酎など農業を基本とした生活となった。日本への所属と日本における辺境化の始まりである。その意味で、今やアメリカ軍基地問題はあくまで日本国の外交上の問題であって、日本国の安全保障、日米同盟が問われる独立国家同士の問題である。

南九州以南の縄文系先住民が残した古代遺跡はあくまで日本の周辺の遺産であり、戦後の沖縄や小笠原諸島が二十年以上アメリカの統治下に置かれ、返還後も、沖縄がいわゆる日本の中心を守るための外交上の駒にされ、犠牲を強いられてきた。そのことに多くの日本人が他人事のように無関心でいられるのは、沖縄が古くからの天皇家の版図ではなく、今も日本の周辺であり続けていると見なされているからなのであろう。

七、四季の移ろいと航海先

『日本書紀』に「軽く泛《うか》びて疾《はや》く行くこと駆けるが如し」とあるように、丸木舟の最大の特徴は高速航行が可能なことである。日本列島は、秋冬と春夏の季節によって季節風の吹く方向が異なる。寒暖二つの海流があって、寒流は列島の東北から西南の日本海と太平洋の沿岸沿いに西南方向へと流れる。一方の暖流は、日本海と太平洋の沿岸に沿って東北方面へと流れる。

秋冬は寒流が強く、春夏には暖流の方が強い。そこで、南へ下る際は、十一月や十二月に出航し、南からは梅雨時期の前に出航し、台風の時期を回避することにもなり、年に一度だけの往復が普通であった。縄文時代も中期になると造船技術が進歩し、黒潮や季節風の特徴も習熟していって航行はより安全になっていったであろう。

筆者は、三十年あまりかけて鹿児島県内の有人島のすべてを巡ってきた。一日で踏破できる与論島や硫黄島といった箱庭のような島々から、奄美大島、種子島、屋久島、甑島といった島々の訪問を繰り返した。

その訳は、鹿児島本土の多くの産業や文化がこれら島々の出身者によって起こされ支えられてきたことに興味を持ち、彼らの先取の才能と忍耐の気質を知りたいためであった。

彼らの発想の原点の一つは、かつて彼らの先祖が広漠たる外洋を延々と漂流したあげくに、島という狭い生活圏内に定着したことにある。先ずは、目の前にある「もの」をどのように活用できるか、できなければとりあえず放置しておく。台風で何もかもが破壊された後を、どう耐えて過ごすか。次の年にも見舞われることであるから、とりあえず雨露を凌げる程度に修理しておこうか……。筆者には、自然を知り尽くしているとしか思えない大らかさであり、待つ忍耐を経たのち得られる未来にとるべき行動のように思えてならなかった。

民俗学者の柳田国男や宮本常一のように、トカラ列島の島々を巡ってみた。沖縄の那覇や奄美の名瀬から鹿児島までのすべての寄港地が、鹿児島県立図書館所蔵の『薩琉海図』で見ることができる。

トカラ列島の口之島から次の中之島はどの位置に見えるのか、そして次の島はと、実際に船で往復してみた。初夏の好天に恵まれ、海も風も凪ぎ、視界も良かった。近代産業革命以前なら視界ははるかに鮮明であったに違いない。

トカラ列島の島々は長年の荒波に洗われ、文字通り取り付く島もないほどの絶壁が取り巻いている。岸壁の上の狭い平地に張り付くように、ジャングルのような森蔭に家が建つ、かつてはそんな風景であったろうことが想像できる。

七島灘と恐れられてきたが、条件に恵まれたら、丸木舟のような原始的な舟でも、一日がかりかそこらで目の前にある島に到達できたのではないだろうか。丸木舟を二艘並べて双胴船に仕立てたり、帆を張ったりという工夫もあったかもしれない。

第四章　中世以後の海の縄文文化圏交流

一、倭寇

十世紀頃になって朝鮮半島の新羅が政情不安定に陥ると倭寇が現れ、優れた操船術を駆使して東アジア沿岸を跋扈《ばっこ》するようになる。十四世紀に中国に明王朝が成立し、海禁令により鎖国政策をとり海軍を充実させると、それまでの倭寇的な交易が困難になった。しかし、ヨーロッパが大航海時代を迎えてアジアに進出すると、アジアで海上活動を始めたポルトガル人や中国人と連携し交易を続けた。ちなみに、倭寇はその場限りの盗賊ではない。対等な交易が基本になければ必要物資を獲得し続けられないからである。

また、一種の傭兵《ようへい》として戦国大名の軍事力の一端を担っていた。その一連の流れの中に種子島への鉄砲伝来があり、ザビエルらカトリック宣教師によるキリスト教の布教があった。

二、徳川幕府

江戸時代になると、徳川幕府はキリスト教禁止を名目に、中国の明王朝の前例があったこともあって鎖国政策をとり、中国、オランダ人以外との交易を禁じ、長崎の出島のみでの交易を許した。日本人の海外渡航と海外からの帰還を禁じた。例外として、朝鮮国との交流を対馬藩に、琉球王朝との交流を薩摩藩に条件付きで許した。

薩摩藩では、薩摩と琉球の人と物の動きを管理下に置く政策をとった。琉球に渡航できる者は藩の許可を得た薩摩人のみに限られ、那覇に駐在する目付け役の二十人ほどの藩士、また藩の委託を受けて琉球の年貢米、砂糖などを運び、琉球で商う品を運ぶ船の船頭と水夫《かこ》に限られ、女性の往来は一切禁止された。

藩士以外に認められたのは、坊津、阿久根、山川、高須、志布志、内之浦、大泊といった浦の人々であった。彼らは一時滞在者であり、琉球の女性と所帯を持つことを禁じられた。それでも現地女性との間に子供をもうける者は多く、そのような子供は琉球政府の決まりにより農民とされた。当時琉球では、士族(政府役人)と農民の二つの身分があった。それでも、江戸後期に財政に逼迫《ひっぱく》する琉球王府は献金を募り、多額の献金を納めた農民は士族に取り立てられた。

三、坊津の久志集落

南さつま市坊津には、形状に恵まれた四つの浦・漁村がある。坊、泊、久志、秋目である。久志とは地形から名づけられ、腰・背後を意味し、岩手県、鹿児島県の奄美大島宇検村、沖縄県名護市にも同名の集落がある。背後には集落を抱くように山が連なり、戦後まで道路事情が悪く、陸の孤島と呼ぶにふさわしく、船が往来の主な手段であった。そのために、藩や幕府の役人の目を逃れるには格好の自由な地域であった。例えば、島津政権の下で三百年もの間、農民に禁止された一向宗（浄土真宗）の信仰が続き、開放的な外洋と操作に長けた船の往来によって、京都の本山との交流も役人の目から逃れられた。

久志集落の博多浦江籠潭《うらえごんたん》には紀元前から造船所があったといわれ、明治時代まで南方の島々から造船の依頼があったという。江戸初期の鎖国令が出るまで唐人町があり、住居や墓地の痕跡が今も残っている。波打ち際には大陸で製造された多くの陶片が見られ、交易の積み荷の上げ下ろしに使われた設備や水場が当時をしのばせる。江戸中期の享保年間に幕府により全国一斉に密貿易が取り締まられ、坊津の海商の多くが奄美、琉球に逃散し、幕末までに薩摩藩の海運業は見る影もなく衰退した。

四、大重幸太郎

坊津の久志集落の大重泰次家には、集落出身で明治時代に、現在の奄美大島宇検村を中継点に鹿児島と沖縄間で海運業を営んでいた大重幸太郎がその功績により授与された、日本赤十字総裁・社長賞と鹿児島県知事賞の現物が残っている。

筆者は、彼の宇検村現地での活動を知るために聞き取り調査と近隣の墓石を調べたが、形跡は見当たらなかった。一時滞在した本土の人間が島民二千四百人余りをまとめて成した功績は何も語り継がれていなかった。

さらに、坊津町の郷土誌によると、大正時代に秋目集落に二十七人の鍛冶職人がいた。これだけの鍛冶職人の生活を支えるには集落は小さ過ぎ、毎年のように奄美大島や沖縄に渡って取り引きし、生業の一端にしていたと見られる。

同じく町内の泊集落の中ほどに鍛冶屋川が流れ、上流の鈩迫《たたらざこ》集落では鉄が生産され、泊集落で鍬や鋤などの製品に加工し、初冬の北西風にのって奄美大島や沖縄県で売りさばき、梅雨時期前の南風にのって戻ってきたものと考えられる。

十二世紀頃には奄美諸島の喜界島にも鍛冶職人がいて、鉄製の武器を琉球に輸出し、琉球王朝の成立に影響を及ぼしたといわれている。沖縄、奄美、喜界島はサンゴ島であるために砂鉄も鉄鉱石も採れない。種子島の沿岸にある豊富な砂鉄や、頴娃町の沿岸などで採れる本土の砂鉄が交易の対象の一つであっただろう。

第五章　薩摩藩久志浦出身の吉見家と中村家と、琉球の「吉姓」「宇姓」

一、吉見家と中村家

庶民による海の縄文文化圏内での交流は、享保年間（一七一六年～一七三六年）の全国的な密貿易の禁止に見られるように、南九州以南の海の縄文文化圏以外でも盛んであったことを示している。しかし、密貿易禁止による一時的な衰退はあったものの、三方が東シナ海に面し、沖縄に通じる薩摩藩内での草の根的な交流は衰えることはなかった。

渡辺美季氏によると、那覇の士族であった吉氏の一世（喜納筑登之親雲上保喜、一七三〇年～一七九四年）は、薩摩藩久志浦の吉見吉左衛門と琉球女性との間に生まれた子供であった。農民の戸籍を与えられ商売をしていたが、銭十三万貫文を献納したことにより、自力で士族に取り立てられた。吉氏の家譜には「一世の父の姓（＝吉見）とその出身地にちなんで、氏は『吉』、諱《いみな》は『久志』とした。そうすれば一族の根源を忘れないだろう」と記されており、吉氏一族のアイデンティティの中核に据えられていたことがうかがえる（渡辺美季「境界を越える人々―草の根の薩琉交流―」、東京大学「譜代吉姓家譜」諸見里家、新参一世　吉久志　喜納筑登之親雲上保喜）。

同じく、薩摩藩久志浦出身の宇姓の始祖である中村宇兵衛がいる。久志浦の中村家の先祖は京都で応仁の乱後、二世まで武士であったが、世渡りに困っているところへ悪党に家系図を盗まれ百姓に落ち、薩摩の久志浦の仁田川に住み、農業を営みながら船を持ち運送や貿易にたずさわり、琉球と往復していたと「仲尾次宇姓家譜」にある。

五世の宇兵衛は、那覇に十七年間住み、久米村の高良仁屋《にや》の娘思嘉那《うみかなあ》を妻にして五男をもうけた。仲尾次家の家譜には次のようにある。

　中村宇兵衛「薩州久志浦の人なり。家富み船を持ち、琉球から薩摩への貢納米運送に従事していた。琉球に来たりて久米村無系高良仁屋の娘、思嘉那を妻にした。この人が吾が生母なり。母四十六歳（一七三〇年）にして初めて嫁ぎ五人の子を生む」

五人の息子は長男から順に、政栄、政明、政孝、政根、政記で、それぞれ仲浜（後に仲尾次）、仲里、中村、大湾、仲村の名字を名のらせる。

やがて宇兵衛は、薩摩久志浦の嗣子《しし》が死亡したため、三男中村を連れて薩摩の久志浦に戻る。宇兵衛は薩摩に戻ると、残してきた政孝の妻と四人の子供たちに多額の金品を送り、家も建てて住まわせた。

妻の思嘉那にも財を残し、思嘉那はこれを元手に王府への献金を繰り返した。家譜によると、国家の財政が不足をきたし、王子等が薩州へ赴く費用にもことかく始末であった。この時、吾が母は女であるにもかかわらず十六万貫文をもって、国用に応じ、国王から新禄を賜った。また中国の乾隆年間、江戸へ使者を遣わす費用が不足した時、再び銅銭十八万貫文をもって国用に備えたので、女性ながらも譜代に引き立てられた、とある。

思嘉那ばかりではなく、四人の息子たちも商才に恵まれ、琉球からの年貢を薩摩に運ぶ海運業や中国相手の海商として財をなし、王府への献金を繰り返して出世している。三男政孝が琉球に残し、財を得た妻も養子縁組によって子を得、彼を通して献金をすることで士族の地位を得ている。

現在の宇姓門中は四人の兄弟から子孫が広がった。薩州の久志浦に移った三男政孝も子孫を残し、海運業に携わる者もあって、沖縄の宇姓との交流は今に及んでいる。

宇姓の琉球での活躍は社会貢献だけにとどまらない。長男仲浜政栄五世の仲尾次正隆は、沖縄学の創始者伊波普猷《いはふゆう》の『浄土真宗沖縄開教前史』(榕樹書林、二〇一〇)の中の「仲尾次家に遺る口碑」に宗教的偉人として伝えられている。五世正隆の時、羽地間切仲尾次の地頭となって「仲浜」から「仲尾次」に改名したという。出世街道を邁進している最中に正隆は「一向宗を布教している」と密告され、次男、三男、従者たちとともに八重山に流罪となった。一八五五年のことで、その後約十年間を八重山で過ごす。

八重山で仲尾次家は「仲尾次船」と呼ばれる山原船を造船し、那覇と八重山間を往復し、八重山でも富豪宇姓は健在であった。

正隆は娼婦など貧困に喘ぐ人々の一向宗の布教に励みながら、莫大な私財を社会貢献に提供した。一八六〇年に何度も津波で破壊されてきた八重山の宮良橋を改築、翌年も破壊された橋を修復した。宮良橋は、長さが一三五メートル、幅三・六メートル、高さが四・二メートルの木橋であった。住民は、橋の完成を喜び、仲尾次正隆の功績を讃えて「宮良川節」という歌を残した（坂下昇「宇姓家譜を読む」、中村一似「久志中村家の軌跡」『仲尾次正隆関係遺品調査報告書』昭和五十一年度沖縄県文化財調査報告書第八集）。

二、薩州久志浦の宇姓

宇姓は現在の南さつま市久志浦でも受け継がれている。その一人に中村源次郎がいる。源次郎は幕末の薩摩の久志浦に生まれ（一八六〇年）、若い頃に現在の奄美大島宇検村の久志浦を中継点にして、沖縄近辺でカツオ漁と漁場開拓を行う。その後、同居の島の女性と子供を残して、故郷の久志浦に戻ったと語り伝えられている。

故郷の久志浦では、新しい漁法の導入、久志港の建設、久志や南薩地域の漁業組合の理事長を務め、地域の漁業の発展に大いに尽くした。久志港の入り口には彼の功績を讃えて石碑が建立されている。

源次郎の嫡男、嘉寿は戦前戦後に衆議院議員を六期務め、戦後、国立国会図書館の設立にあたって法規の整理にあたり、初代館長に就任する。戦前から海外移民の支援、外国との民間交流の推進、若者の海外研修派遣に尽力した。その奮闘ぶりは、太平洋横断六十回、世界巡遊九回からもうかがえる。また、関東の鹿児島県出身者で構成される三州倶楽部の設立者の一人でもある。

余談になるが、山崎豊子原作『二つの祖国』の主人公のモデルとされるのは鹿児島県加治木町出身の日系移民二世の伊丹明である。天皇の助命をアメリカ陸軍に訴え、東京裁判では終戦に奔走した外務大臣東郷茂徳の無罪を訴えた（スティーブ・鮫島『天皇を救った男』南方新社、二〇一三年）。日米の二重国籍であったがために日本人として公的に扱われず、失意のうちにアメリカ渡航に踏み切る際、中村嘉寿は後の外務省官僚・曾木隆輝や東郷茂徳らとともに手を差し伸べている。

三、坊津の教育

宇姓を継承する者たちが単に立身出世に終わることなく、社会に私財を還元し貢献してきた姿は奇特である。では、なぜ坊津のこれら四つの浦から、このような人物を多く輩出してこれたのだろうか。もちろん、古くから中国人や朝鮮人の渡来による刺激が大きな要因であることは否めない。

牽強付会と受け取られかねないが、それは「海の縄文文化圏」の海洋民に延々と受け継がれてきた自然の観察力と平等の感性ではないだろうか。

一万年以上にわたる縄文時代に、身の周りの自然に馴染み観察し熟知してきたからこそ、自然の恵みを十二分に享受できた。徹底した観察から見える世界は幻想に陥ることはない。したがって、奇抜な思想やイデオロギーは生まれない。

江戸時代に坊津では、その観察力の養成は教育の最重点項目であった。鹿児島城下から離れ、陸上の交通が不便であったことは坊津の浦々の人々には有利であった。

四、薩摩藩の教育

江戸時代、薩摩藩が採った教育政策は一部の俊英武士を除けば、結果的に一種の奴隷生産とも言えそうな悲惨なものであった（尾曲巧『西郷に抗った鹿児島士族』南方新社、二〇一八年）。下級武士や農民に対しては「依《よ》(由)らしむべし、知らしむべからず」というもので、農民を無知蒙昧《むちもうまい》にし、自分はなぜこんな悲惨な状況にあるのだろうという疑問さえも起こさせない。このことの証左は、全国の諸藩に比べて下級武士や農民に対しての寺小屋の数が圧倒的に少ないことである。

幕末、僧侶をはじめとする有識者によって開かれていた寺小屋の数は、九州全体で二〇四七件、今の熊本県には九五五件の寺小屋があった一方で、鹿児島では城下に二件、現在の坊津がかつて属した川辺郡に一三件、大島郡に五件しかなかった（『坊津町郷土誌』）。

鹿児島城下の寺小屋は藩内に漂着した中国人や朝鮮人を取り調べ、長崎の幕府の役人に送り届ける役人を養成するためであった。大島郡の寺小屋の目的は、奄美諸島への中国人や朝鮮人の漂着者が多く、取り調べの上、鹿児島や琉球の役所に送り届ける任務と後継者の養成にあった。これら寺小屋の師匠は、奄美大島の唐通事であった岡程進儀家のように世襲制の役人であり、幕末に現地に配流中の西郷隆盛や後に東京帝国大学歴史学教授となる重野安繹に講義するなど、有識者であった。

江戸時代、薩摩藩内の城下の下級武士や地方の郷士の教育は郷中教育によって行われていた。それぞれの門中で、今の小学生から二十歳前後までの若者で組織され、年輩者が後輩の指導にあたった。他の門中の郷中者との接触は厳しく制限され、内情を漏らそうものなら切腹をすら強制された。組織には顧問らしき地位の者がいたが、有識者とは呼べないような組織の先輩が殆んどであったろう。基本的に大人が口出ししてはならない極めて内向きの制度であった。

教育の中心は主君や年配者に対する絶対服従で、「議を言うな」にうかがえるように、広い視野や論理的思考など芽生えようもない教育内容と言える。徳川幕府発足と同時に徳川家康があたかも国教であるかのように採用した朱子学を郷中教育や日常生活の中心に据え、士農工商といった身分の格差、男女の格差、武士間の身分差、お厳然たるものがあった。

一方で、開放的な海洋民であった坊津の浦人たちは、このような狭隘《きょうあい》なイデオロギーによる束縛は弱く、有識者によって自発的に運営された寺小屋では、郷士、百姓、漁民、商人の子弟を問わず、膝を突き合わせて学んでいたという。郷士ばかりでなく漁民や商人の子弟からも、例えば、久志浦の重家のような豪商が誕生した一つの要因と言える。

現代と異なり、領海などという境界のない広大な海を利用しての自由さは、島津家支配三百年にわたり厳しく弾圧された一向宗（浄土真宗）が、坊津の浦々では信仰され続けていた一事にも見ることができる。海は、京都の浄土真宗の一派の本山であった真光寺への往来をも可能にし、現在の久志浦今村集落にある広泉寺の招聘も、明治初頭の浄土真宗解禁後間もなく行われた。

おわりに

「海の縄文文化圏」は日本人の〝とりなし〟のこころのゆりかご

戦後の七十年間、比較的に安定した日本の産業経済社会の中で、社会の落ち着きも見られて、庶民は一時の緊張感から解き放たれた観があった。このような雰囲気の影で、公害のように明らかに人的災害と呼べるものもあり、一方では縄文時代以来一万年以上にわたり毎年のように巡ってくる台風被害、頻繁な地震被害にも遭遇してきた。そのような災難に対して人は、物質文明をより進化させた手段によって克服を試みてきた。しかし、今や限界に至っていると言っても過言ではない。専門家たちが文明の知恵を傾けてきた地震予測は、最近の思いもしない地震の繰り返しに未だに白紙に等しいことが明かされた。

先の戦争中に、アメリカ政府は莫大な国家予算と十万人にも及ぶ研究者・専門家を動員して核開発を進め、核物質を抽出し、原子力爆弾を完成した。

しかし、核物質がもたらす放射性物質が完全に消滅するには十万年も要することに、彼らの観察力による想像は至らなかったようである。それでも、科学の進歩に対する盲目的な信仰からそのことには目を背け、原子力発電所の設置によって地球温暖化の防止を行うという平和的な視点へとすり替えようとしている。未だ人類が見たことのない十万年後のこの地震大国日本列島が、今の地形をどれほど残しているのか想像したことがあったのだろうか。

二十世紀、科学の時代が到来し科学万能主義が蔓延する中で、イギリスの作家ギルバート・K・チェスタートンは大いに風刺を込めて言った。科学者たちは、この果てしない宇宙空間に自らの頭を突っ込み、その頭が触れて知り得た部分だけを宇宙と呼んでいる、と。

忘れてしまった隙《すき》をねらったかのように地形を一変させ、自然が人間に何かを訴えているかのように、大噴火、大地震、大津波が襲ってきた。このような極めて悲惨な経験を忘れないように古代人が思い立ったのが祭り、つまり信仰という知恵である。

すべての信仰と宗教を、思想という観点から見ると、一つとして絶対的な思想はない。しかし、絶対を唱えながら大聖堂や大伽藍を設けて信仰の対象とし、支配者・権力者として司祭や僧侶が信者を生活の基盤の下におく社会の二重構造が堅持されてきたのである。

縄文人の信仰は、自然から与えられる食料などあり余る恩恵によって支えられていた。そのあり余った恩恵を周囲に贈与することに何らためらいはなかった。自然に満たされていたからである。祭りはその記憶を呼び覚ます一万年以上にわたる信仰上の自然への感謝の儀式なのである。

人口爆発を起こしそうな地球上で、今となってはそのような悠長なことは言っていられない。しかし、新自由主義、勝ち組負け組、今だけ・自分だけ・お金だけ、が声高に叫ばれるグローバル化の時代にあって、この寂寥感を打ち消す方法が他にあるであろうか。

縄文人が一万年以上にわたる知恵と経験によって記憶してきた自然の大らかさ、明るさ、余裕、受け入れといった〝とりなし〟のこころを記憶しておくことは大切な癒しともなろう。

結び

気がつけば、この本論の多くが、大いなる社会風刺を前提としたものに終わってしまいそうだ。『ガリヴァー旅行記』のジョナサン・スウィフトのように、古代と近代の優劣を論じて優劣を決めようなどという前提は初っ端から毛頭なかったのにもかかわらず、である。縄文人の温かな眼差しによる落ち着いた観察力は、初老になった今でも身についていないようで、何とも縄文人の経験による知恵に感服せざるを得ない。

昨年（平成二十九年）の十一月に、筆者は鹿児島市内の総合病院で末期がんの宣告を受けた。昔風に言うなら余命三カ月、今風なら一年半という、と。最初の衝撃は「来たか」だった。鹿児島県で高校を終了し、上京してミッションスクールの上智大学司祭や、初めて教壇に立ったミッションスクールの鹿児島純心女子学園のシスター方の影響が、そのように受けとめさせてくれたのは確かである。目に見える物的効果の成果は〝こころ〟の目を見開かないと見えないという縄文人の経験による知恵を彼らも持ち合わせていたのだから。

入院直後の患部摘出手術のときは、「近くにいるとあなたが怖い思いをするから一人にしてね」と言う星の王子さまにならって、妹と彼女の息子だけに面会を限った。せっかく見舞いに来てくれたのに帰らされた身内は怒っていたらしい。こういう場合は医師と看護師だけが頼りだから冷たさを承知の上だった。

手術直前の日曜日に玄関ロビーで朝刊を読んでいると「先生」という聞きなれた声がした。オーストラリアでの一年近い日本語インターンシップを終えて帰国したばかりの四年生の中山好美さんが、学科の学生と留学生に呼びかけて折ってくれた千羽鶴を抱えて背後に立っていた。二人にとってはあまりに衝撃的な目の前の光景に、私が一年ほど独学していた中国語でのニックネーム「好美《はおめい》」が飛び出してしまった。二人だけに理解でき共有できる奇跡の瞬間だった。その朝から、私の病室の壁には希望を象徴する千羽鶴が飾られて、私を明るく照らし満たしてくれた。

本格的に闘病生活が始まり、一瞬の時がいかに貴重であるかを体験した。初期の半年あまりは化学療法による処置が施され、外科系の病棟での生活だった。目まぐるしいほどに働き患者を看《み》護《まも》りつつも多忙な様子を見せることなく、私の手の届かないところまで気兼ねなく手を差し伸べてくれる看護師さんたち。とりなしの手段である言葉を通じての彼女たちとのコミュニケーションに、何と晴れ晴れとした気持ちになれたことか。一瞬、口に表しようもない至福感に満たされ、生かされているという実感に胸が温まった。

緩和ケアへの治療に変わって病棟を移された。引っ越し一日目に、二十代半ばと思われる看護師のF女史に出会う。華奢で神経質そうな雰囲気は、粗雑な私とは違い相性が気になった。結果は、毎日のように私の口が浴びせる老人性の小言にもめげず、彼女の辛抱強さは私を手のかかる祖父のような存在に変えてしまっていた。今日も、孫に手を引かれるかのように病棟での大正琴の演奏会場に座らされ、気付けば演奏に合わせてリズムにゆれている自分がいた。孫のような娘に面白おかしくやられ放題。

筆者が最も恐れたのは、この病気に伴う激痛である。幸いに、緩和ケアが専門の大瀬克広医師が担当して下さった。細やかに診察と問診を繰り返され、痛みから解放して下さる。二人の言葉のやり取りに食い違いはほとんどない。先生は、まだ見ぬ世界への中継ぎのとりなし役を心得ていらっしゃるのだ。

就職してから仕事や気晴らしに県内の島々を巡ってきたが、何故か懐かしい雰囲気に魅了されて三十五年になる。「島酔い」と言うらしい。海の香りと特有の人情の深さに酔ってしまったらしい。それが何故なのかを比較するために県本土の種子島や屋久島、硫黄島、甑島の訪問も始めた。薩摩川内市内の甑島の南端に手打という集落があった。その昔、平家の落人らが流れ来て、ここに住もうと手を打ったからだという。集落は三つに区切られ、西から本町、麓、浜で構成されていた。本町には半農半漁の住民が、麓には元士族が、浜には漁業を生業とする漁師が今も住まっている。郷土誌によると、名字の数に差があり、浜の名字数は本町の倍近くにも及んでいた。

そこで、浜地域の初老や古老に話をうかがうと、彼ら多くの先祖が五島列島、天草、宮崎県、奄美などから新たな漁法を持ち込んできた移民であった。また逆に、手打の漁民が県本土の南さつま市の片浦港などの近辺に移住していた。南方から流れてくる黒潮と、冬季に南東へと吹く季節風のせいであろうか。県本土の薩摩川内市には見られない現象であって方言すら異なっていた。

このような海民の自由な交流は、一つの海域文化圏が存在していたのではないかと思わせた。そんな折、沖縄県の太平洋岸沿いに浮かぶ孤島の久高島に遊んだ時に、南さつま市久志浦出身の記録映画監督・大重潤一郎の伝記的なビデオ『友よ』を入手して、そこで初めて「海の縄文文化圏」という呼称を知った。

久高島は琉球や日本本土への南方文化の流入の突端にあるという。今でも縄文的な平等社会が維持され、貧しい土壌の畑一枚一枚がサンゴの小石で区切られている。島の名家のみに伝わる海蛇イラブーの燻製によって壊血病から免れ、琉球王国の中国王朝との朝貢貿易の水夫《かこ》として雇われることで生計を立ててきた。このような「海の縄文文化圏」の海民の間で混血が進んだことは極めて自然なことである。

繰り返しになるが、筆者はこの自然からの溢れるばかりの恵みに満たされていると自負しているからこそ、高慢に聞こえることだろうが、自分の死を自分のこととして受けとめ、死は恥ずかしいことでも、忌み嫌うことでも、避けることでもないと思っている。

これが、聖母マリア様を理想像として学んできたミッションスクール鹿児島純心女子大学で一緒に学んできたお嬢様方へ残す、極めて赤面もののメッセージではあります。幸福感に満たされて生きてこられたことに感謝してやみません。最後は私らしく笑って、心底から、ありがとうございます。

この本の産湯《うぶゆ》に際し、様々な視点から助言を惜しまなかった鹿児島純心女子大学国際文化研究

郵便はがき

料金受取人払郵便

鹿児島東局
承認
765

差出有効期間
2020年9月
19日まで
切手を貼らずに
お出し下さい

892-8790

168

鹿児島市下田町二九二―一

図書出版
南方新社 行

ふりがな 氏　名		年齢　　歳 男・女
住　所	郵便番号　　－	
Eメール		
職業又は学校名		電話(自宅・職場) (　　)
購入書店名 (所在地)		購入日　　月　　日

書名　（　　　　　　　　　　　　　　　　　　）愛読者カード

本書についてのご感想をおきかせください。また、今後の企画についてのご意見もおきかせください。

本書購入の動機（○で囲んでください）

A　新聞・雑誌で　（　紙・誌名　　　　　　　　　　　　　　　　）
B　書店で　C　人にすすめられて　D　ダイレクトメールで
E　その他　（　　　　　　　　　　　　　　　　　　　　　　　　）

購読されている新聞，雑誌名

新聞　（　　　　　　　　　　）　雑誌　（　　　　　　　　　）

直接購読申込欄

本状でご注文くださいますと、郵便振替用紙と注文書籍をお送りします。内容確認の後、代金を振り込んでください。（送料は無料）

書名		冊
書名		冊
書名		冊
書名		冊

センター所長で、国際人間学部ことばと文化学科の古閑章教授と、前著の『西郷に抗った鹿児島士族』に引き続き、とりなしを賜った南方新社社長の向原祥隆氏に、篤くお礼を申し上げます。

■著者紹介

尾曲　巧（おまがり　たくみ）
1956年生まれ。上智大学文学部英文学科卒業。米国留学を経て同大学院文学研究科博士前期課程修了。鹿児島大学大学院人文社会科学研究科博士後期課程修了。博士（学術）。鹿児島純心女子大学国際人間学部教授。専門アメリカ史。著書『西郷に抗った鹿児島士族―薩摩川内平佐の民権論者、田中直哉』（南方新社、2018）ほか

南方ブックレット7
海の縄文文化
日本人の〃とりなし〃のこころのゆりかご

二〇一八年十月二十日　第一刷発行

著　者　尾曲　巧
発行者　向原祥隆
発行所　株式会社南方新社
〒八九二―〇八七三
鹿児島市下田町二九二―一
電話〇九九―二四八―五四五五
振替口座〇二〇七〇―三―二七九二九

印刷製本　株式会社イースト朝日
定価はカバーに印刷しています
乱丁・落丁はお取替えします
ISBN978-4-86124-391-2 C0021